सिरी की मुस्कान

Siri Ki Muskaan (Hindi)

ISBN 978-81-8146-953-3

First published in India, 2011
Twelfth reprint, 2025

Originally in English

Published by
Tulika Publishers, 305 Manickam Avenue, TTK Road, Alwarpet, Chennai 600 018, India
email reachus@tulikabooks.com *website* www.tulikabooks.com

Printed by
DV Graphics, Chennai, India

Tulika

सिरी की मुस्कान

कहानी आर. अमरेंद्रन
चित्र भक्ती फाटक
अनुवाद अनीता सान्याल

चेन्नैपुरी राज्य में सिरी नाम की एक छोटी-सी राजकुमारी रहती थी। वह थी तो तीन साल की, लेकिन हमेशा कुछ न कुछ पूछती रहती थी।

जो भी उसे देखता, उसके गालों को चिमटता और कहता,
“मुस्कुराओ सिरी! तुम मुस्कुराओगी नहीं?”

एक दोपहर, वह चुपके से निकल गई, घर से बाहर...

...और पहुँच गई बाग में। उसने ऊपर की ओर देखा तो आसमान में सूरज चमक रहा था। सिरी बोली, "मुस्कुराओ सूरज! मुस्कुराओगे नहीं तुम?"

सूरज बोला:
"मैं जल सकता हूँ, चमक सकता हूँ, इतना गर्म जो हूँ।
तुम जो करने कह रही हो, मैं नहीं कर सकता हूँ।"

सिरी ने कुछ बंदरों को पेड़ों पर झूलते हुए देखा। वह भाग कर उन तक गई और बोली, “मुस्कुराओ बंदरों! मुस्कुराओगे नहीं?”

बंदर बोले:

"हम चींचीं करते हैं, खुजलाते हैं, चीखते-चिल्लाते हैं, पर सपनों में भी हम नहीं मुस्कुरा सकते हैं।"

सिरी ने हिम्मत नहीं हारी। उसे एक नाचता हुआ मोर दिखा, अपनी सुंदर पूँछ फैलाए हुए। वह बोली, "मुस्कुराओ मोर! तुम मुस्कुराओगे नहीं?"

मोर बोला:

"मैं नाच सकता हूँ, अकड़ कर चल सकता हूँ।
लेकिन मुस्कुराना क्या होता है मैं बता नहीं सकता हूँ।"

फिर सिरी ने आसमान में चँद्रमा को धीरे-धीरे ऊपर आते देखा। वह बोली, “मुस्कुराओ चाँद! मुस्कुराओगे नहीं?”

चँद्रमा बोला:
"मैं जानता हूँ दमकना-चमकना, बढ़ना और घटना,
पर मुस्कुराने वाला यह प्रश्न मुझे फिर ना पूछना।"

सिरी बहुत उदास हो गई। वह बहुत थक भी गई थी। वह एक तालाब के किनारे जा कर बैठ गई। वहाँ कई मछलियाँ पानी में तैर रही थीं। सिरी बोली, “मुस्कुराओ मछलियों! मछलियाँ मुस्कुरा सकती हैं ना?”

मछलियों ने कहा:

"हम पानी में उछल सकती हैं, दूर-दूर तक तैर सकती हैं, पर मुस्कुराना? ना भई ना, ये हमारी बस की बात नहीं है।"

अचानक, सिरी ने एक छोटी-सी लड़की को पानी में देखा।

सिरी ने हाथ हिलाया। लड़की ने वापस उसकी ओर हाथ हिलाया। सिरी मुस्कुराई। लड़की वापस मुस्कुराई।

सिरी बहुत खुश थी। अपने चेहरे पर एक मुस्कान लिए सिरी घर की ओर तेज़ी से भागी। उस दिन से किसी ने सिरी को नहीं कहा: "मुस्कुराओ सिरी! मुस्कुराओगी नहीं?"

क्योंकि सिरी के चेहरे पर हमेशा मुस्कान होती।